Հեղինակի իրաւունք ©2024 Թալին Տորնայի կողմէ
Copyright ©2024 by Taline Dorna

Բոլոր իրաւունքները վերապահուած են հրատարակիչին: Այս գիրքը, կամ անոր որեւէ մասը կարելի չէ վերարտադրել կամ օգտագործել որեւէ ձեւով՝ առանց հրատարակչի յստակ գրաւոր թոյլտուութեան, բացառութեամբ գրքի մասին ակնարկումի ընթացքին հակիրճ մէջբերումներու օգտագործումին:

Մտահոգ Փոքրիկը
The Not-So-Little Worry Wart
ISBN 9781738284207

Իմ անունս

_____ է

Եւ այս գիրքը ինծի կը պատկանի։

ՆՈՒԻՐՈՒԱԾ՝

Իմ ճանչցած ամենէն քաջ երեխաներուն՝
Սիտնի, Թէյլի եւ Լոկըն։

Ասիկա Նորան է: Ան փոքրիկ հոգ մը ունի, որ իր շուրջը կը մնայ եւ կը դառնայ օդին մէջ:

Երբեմն Նորային հոգը առանց պատճառի կը մեծնայ: Ան կը մրմռայ, կը տրտնջայ, կը պոռայ եւ Նորային արթուն կը պահէ գրեթէ բոլոր գիշերը, մտածելով թէ երբ կրնայ ըլլալ որ դուրս ցատկէ ան: Երբ աս կը պատահի, Նորան կը սկսի քրտնիլ, անոր սիրտը կը սկսի շատ արագ զարնել եւ կը կարծէ թէ մեծ փոս մը կայ ստամոքսին մէջ:

Ուրիշատեն իր հոգը պզտիկ է եւ դժուար է գտնել:

Նորային հոգը կը մեծնայ, երբ ան իսկապէս մտահոգ կը դառնայ։ Երբ մէկը ՄՏԱՀՈԳ է, ջղային վիճակի մէջ կ'ըլլայ կամ բան մը իրեն անհանգիստ կ'ընէ։ Օրինակ՝ երբ կ'ուզէ լուացարան երթալ եւ կը վախնայ որ եթէ շատ ուշանայ ինչ կրնայ պատահիլ, կամ երբ հիւանդ է եւ բժիշկի պէտք է երթայ։ Նորային հոգը բարձր ձայն կը հանէ, բայց միայն ինքն է որ կը լսէ։

Նորային մաման կ'ըսէ որ ան հոգ մը ունի, որ կը սիրէ երկար մնալ իր մօտ: Կը նշանակէ որ ան միշտ կը մտահոգուի ամէն բանի համար: Ան կը մտահոգուի բաներու համար, որ տակաւին չեն պատահած: Ան այնքան կը մտահոգուի, որ երբեմն չի կրնար յստակ մտածել:

Նորային հոգը ՄԸ-ՏԱ-ՀՈԳ-ՈՒ-ԹԻՒՆ կը պատճառէ: Մտահոգութիւնը վախն է որ ինչ **ԿՐՆԱՑ** պատահիլ:

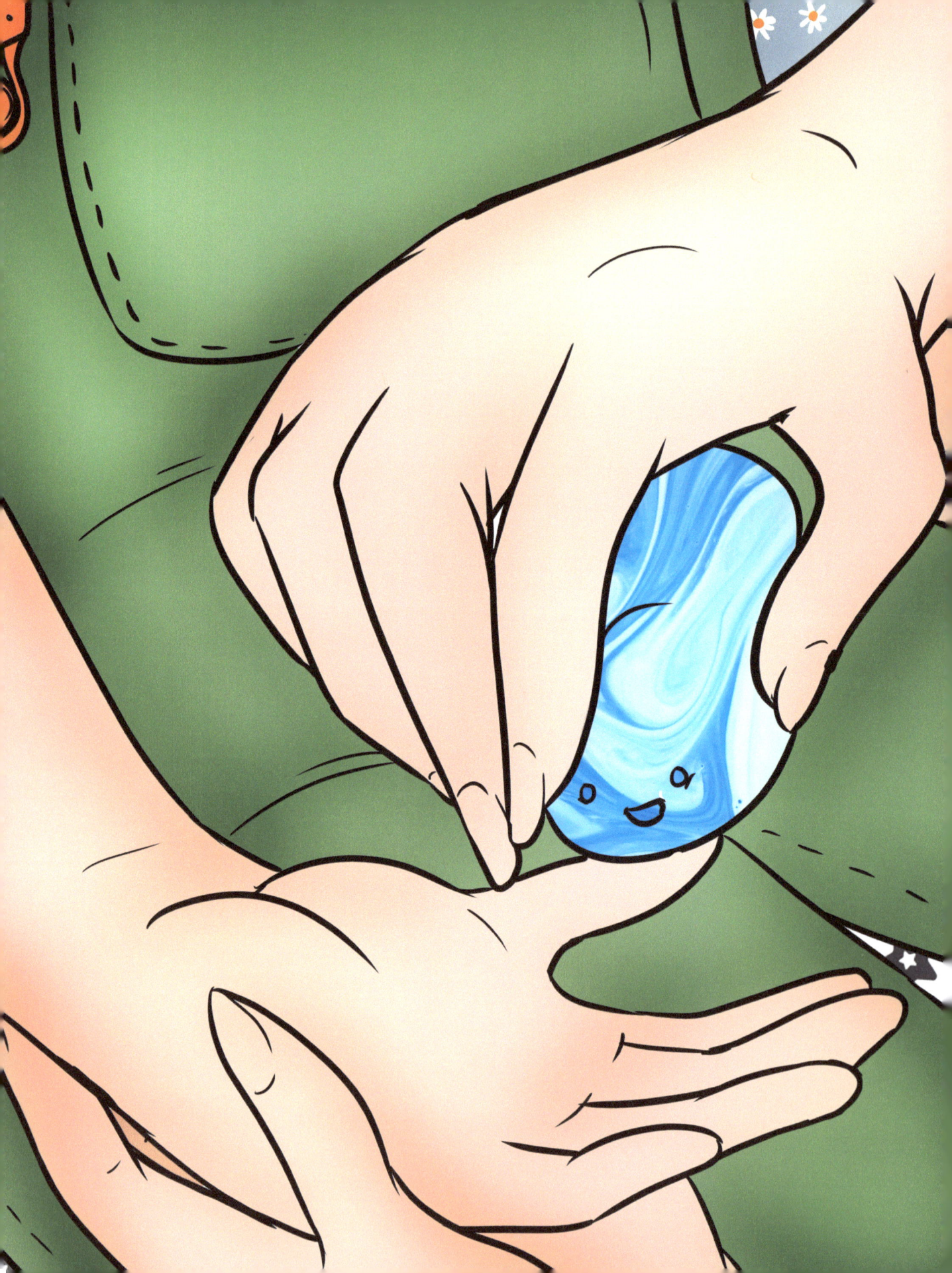

Օր մը Նորային մամային իրեն հաւկթաձեւ քար մը տուաւ, որ ան պահէ ձեռքին մէջ, երբ անոր հոգը մեծնայ եւ ձայն հանէ: Անոր անունը դրաւ «մտահոգութեան քար» եւ ըսաւ որ ապահով պահէ իր գրպանին մէջ: Ներկուած պզտիկ եւ յատուկ քար էր, որ մամային գտեր էր, երբ փոքր էր: Նորային մամային ըսաւ որ մտահոգութեան քարը տարբեր ձեւերով եւ գոյներով կ'ըլլայ, բայց այս մէկը, որ Նորային տուաւ, կապոյտ գոյնով ներկուած էր:

Նորային մաման ըսաւ, երբ զգայ որ իր հոգը կը մեծնայ, աչքերը գոցէ եւ նրբօրէն իր բութ մատը ետ ու առաջ շարժէ քարին վրայ՝ կեդրոնանալով թէ ինչպէս քարը կը զգայ իր ձեռքին մէջ: Մտահոգութեան քարը Նորային պիտի յիշեցնէր, որ գոցէ աչքերը եւ շունչ մը քաշէ ամէն անգամ, երբ զգայ որ իր հոգը կը մեծնայ:

Նորային մաման նոյնիսկ շատ գեղեցիկ երգ մը սորվեցուց «Փայլուն փայլուն աստղիկներ»-ու եղանակով, որպէսզի իրեն օգնէ որ հանդարտի.-

«Մի վախնար, երբ մտահոգ ես,
Փորձէ որ մտահոգութիւնդ անհետացնես:
Առանց վախի հանգիստ մնչէ,
Ամբողջ ուժով նրբօրէն արտաշնչէ:
Մի վախնար, երբ մտահոգ ես,
Փորձէ որ մտահոգութիւնդ անհետացնես»:

Նորան որոշեց իր մտահոգութեան քարը պահել գրպանին մէջ, որպէսզի ան իր հետ ըլլայ իր բոլոր ճանբորդութիւններուն ատեն:

Նորան կը պատրաստուէր նոր դպրոց մը երթալ: Ան զգաց որ իր մտահոգութիւնը կը մեծնար եւ կը մեծնար, երբ կը մտահոգուէր թէ ինչպէս պիտի ըլլան իր նոր դպրոցի միւս երեխաները: Ան սկսաւ մտահոգուիլ թէ ինչ պիտի մտածեն իր մասին եւ արդեօ՞ք նոր ընկերներ պիտի գտնէ:

Երբ նոր դպրոց երթալը կը մօտենար, Նորային մտահոգութիւնը կը մեծնար եւ անոր ձայնը աւելի բարձր կ'ելլէր։ Ան այնքան մեծցաւ, որ այլեւս չէր կրնար յստակ մտածել։ Ան ինքզինք լաւ չէր զգար եւ միւս երեխաներուն հանդիպելէ առաջ արդէն որոշեր էր, որ իրեն պիտի չհաւնին։ Նորան մեծ մտահոգութիւն մը կը զգար։

Երբեմն Նորան նոյնիսկ կը մտահոգուէր, կ'անհանգստանար եւ չէր կրնար մէկու մը խօսիլ թէ որքան կը մտահոգուէր եւ որ ինչպէս կը զգար: Ասիկա իրեն աւելի ջղային կ'ընէր: Կը կարծէր որ ասկէ չէր կրնար ազատիլ:

Ան որոշեց մամային հետ խօսիլ իր հարցին մասին: Նորային նախկին դպրոցի ուսուցչուհին ըսաւ, որ ան միշտ պէտք է փորձէ իր զգացումներու մասին խօսիլ վստահելի չափահաս մէկու մը հետ:

Ան ՃՆՇՈՒԱԾ զգաց: Ճնշումը այն զգացումն է, որ կը զգաս, երբ բանի մը համար կը մտահոգուիս կամ անհանգիստ կ'ըլլաս:

Բայց Նախ
Սուրճ

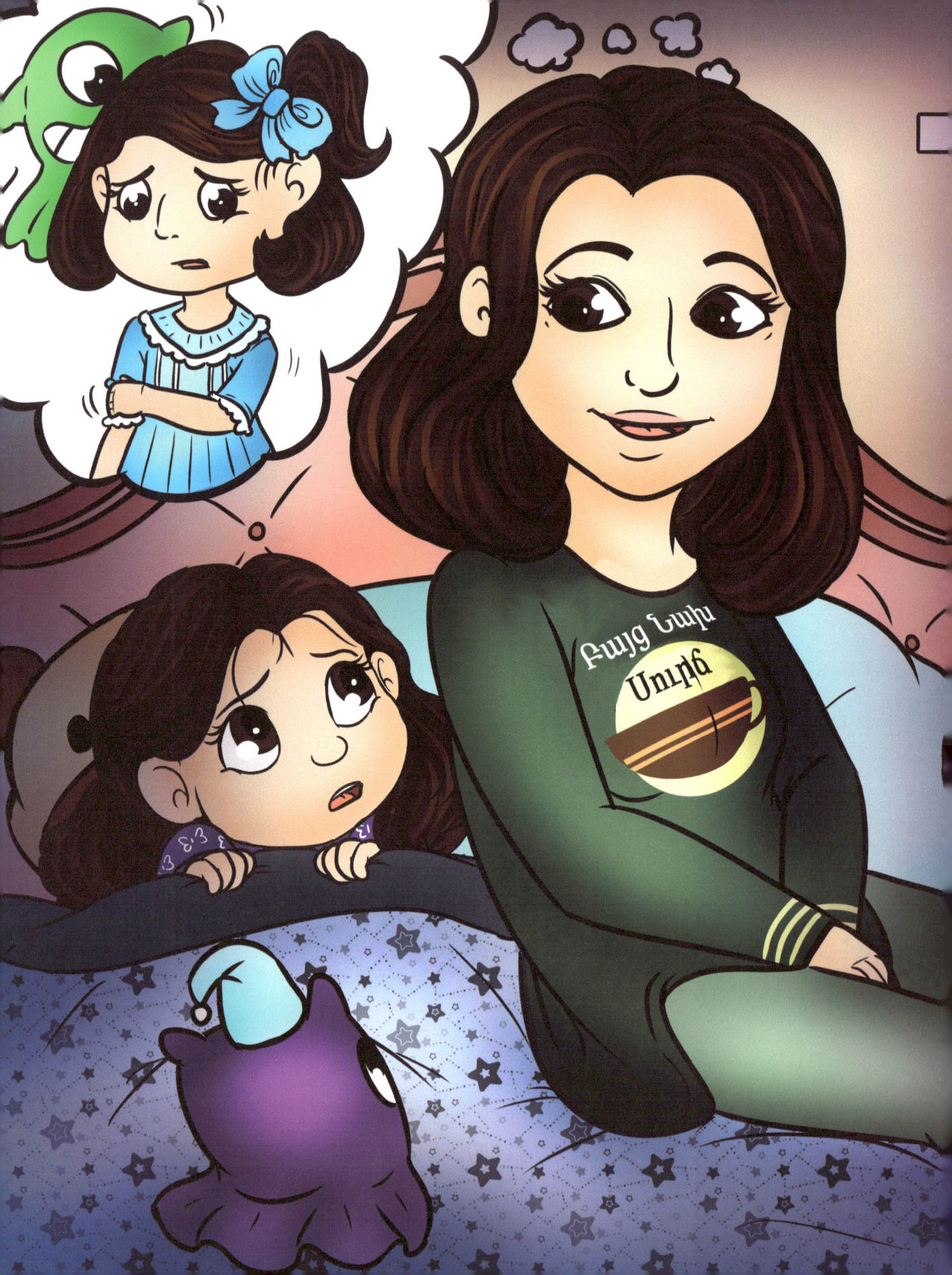

Դպրոց սկսելէն մէկ գիշեր առաջ, Նորան նստեցաւ մամային քով եւ պատմեց ամէն ինչ:

Ան պատմեց իր մտահոգութեան մասին, որ իրեն հանգիստ չէր ձգեր: Մաման լաւ մը նայեցաւ Նորային եւ ըսաւ. «Ես կը տեսնեմ, որ մտահոգութիւն մը ունիս, ինչպէս որ ես ունէի երբ պզտիկ էի»:

Նորան նայեցաւ զարմացած: Կը կարծէր որ միայն ինքը մտահոգութիւն մը ունի, որ չէր անհետանար:

«Քու մտահոգութի՞ւնդ ալ կը մրմռայ եւ կը մեծնայ» Նորան հարցուց անհամբերութեամբ:

«Երբ ես պզտիկ էի, ես ալ ունէի մտահոգութիւն մը, որ միշտ կը դառնար իմ գլխուս վրայ, իսկ հիմա դուն ալ ունիս», - պատասխանեց Նորային մաման:

«Ի՞նչ ըրիր քու մտահոգութենէդ ազատուելու համար»: Նորան հարցուց անհամբերութեամբ:

Բայց Նախ
Սուրճ

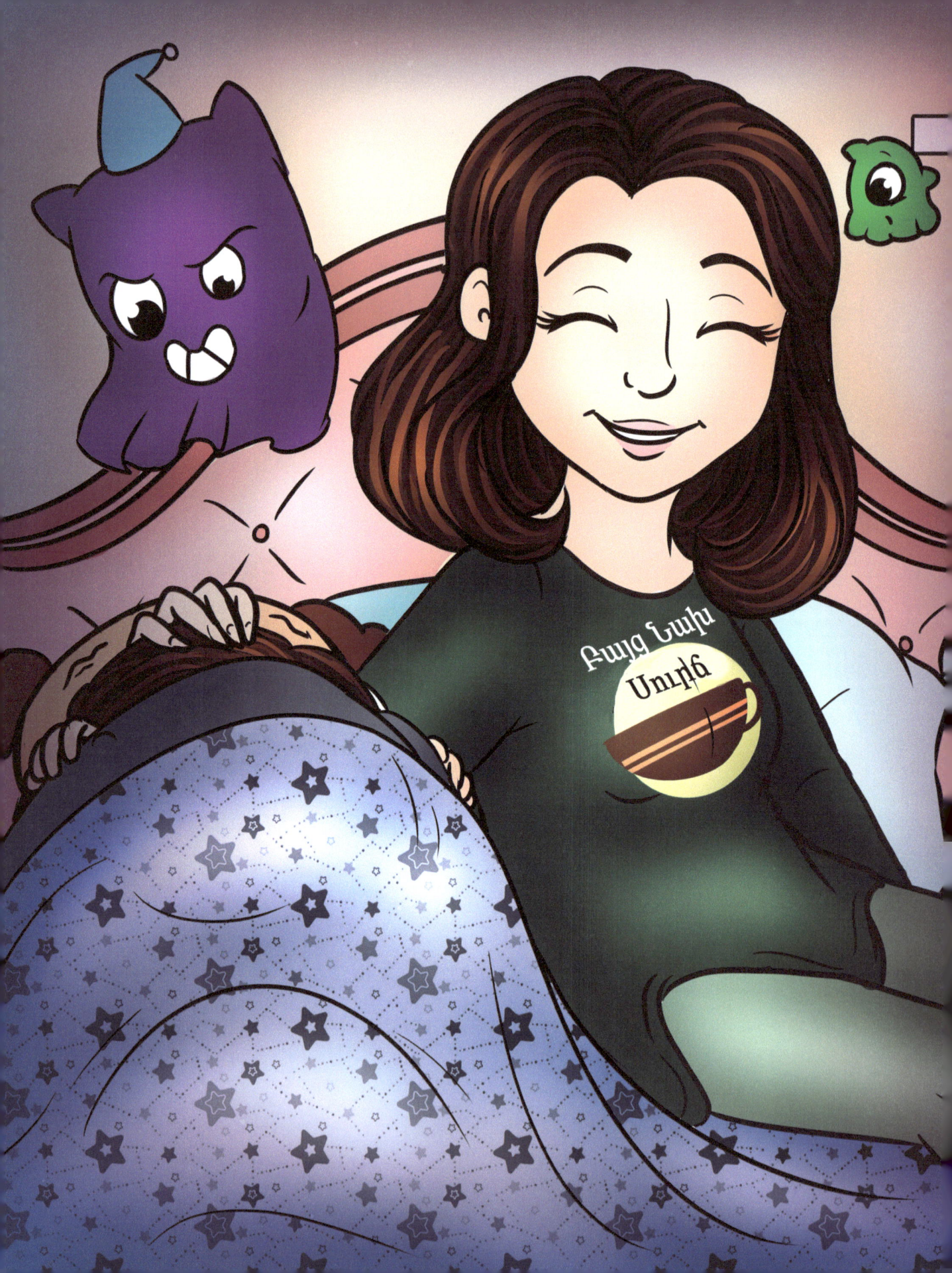

«Երբ ես պզտիկ էի, կը մտահոգուէի ամէն բանի համար, շատ կը մտահոգուէի որ կը հիւանդանամ կամ գէշ բան մը կը պատահի իմ սիրած մէկուն»: Նորային մաման շարունակեց բացատրել, թէ ինչպէս ան կրնայ ՅԱՂԹԱՀԱՐԵԼ:

Յաղթահարել կը նշանակէ ինչպէս յաղթել դժուարութեան մը կամ մտահոգութեան մը:

«Ես դեռ ունիմ մտահոգութիւն մը, որ միշտ կը դառնայ գլխուս վրայ, ինչպէս շատերուն կ'ըլլայ: Բայց իմ մտահոգութիւնս այնքան պզտիկցեր է, որ միայն երբեմն մէջտեղ կ'ելլէ: Անոր պզտիկցնելու ձեւը քեզ մտահոգող բանին մասին խօսիլն է եւ նոյն ատեն հանգիստ շնչելը: Մտահոգութեան քար ունենալը ինծի շատ օգնեց: Ես նաեւ գործածեցի իմ 5 զգայարանքներս, որպէսզի ինծի օգնեն յաղթահարելու», - Նորային մազերը շոյելով բացատրեց մաման:

5 բան, որ կը տեսնես
4 բան, որ կը լսես
3 բան, որ կրնաս հոտը առնել
1 բան, որ կրնաս համը առնել
2 բան, որոնց կրնաս դպչիլ

Մամային հետ խօսելով արդէն Նորան աւելի լաւ զգաց: Նորային մաման շարունակեց նկարագրել, թէ ինչ ըսել կ'ուզէր իր 5 զգայարանները գործածել ըսելով:

«Երբ կը տեսնես, որ կը մտահոգուիս բանի մը համար, կը զգաս որ սիրտդ արագ կը զարնէ, կը քրտնիս, կ'ուզես փախչիլ եւ պահուըտիլ, կ'ուզեմ որ հետեւեալը ընես.-

Կ'ուզեմ որ շուրջդ նայիս եւ ըսես 5 բան, որ կը տեսնես, 4 բան, որ կը լսես, 3 բան, որ կրնաս հոտը առնել, 2 բան, որոնց կրնաս դպնալ եւ 1 բան, որ կրնաս համը առնել: Աս կը կոչուի ԳԻՏԱԿՑՈՒՄ կամ ՈՒՇԱԴՐՈՒԹԻՒՆ: Աս կը նշանակէ ըլլալ ներկային մէջ, այստեղ եւ հիմա ու չմտահոգուիլ թէ ինչ կրնայ ըլլալ յետոյ, վերջը: Երբ դուն մտահոգ ես, մտածելով քու 5 զգայարաններուդ մասին եւ այդ պահուն անոնք գործածելով կրնաս յաղթահարել», - բացատրեց ան:

«Իմ մտահոգութեան քարը կրնա՞յ ըլլալ 2 բաներէն մէկը, որուն կրնամ դպնալ: Անո՞ր համար տուիր ինծի»: Նորան հետաքրքրութեամբ հարցուց:

Մի վախենար, երբ
մոռանում ես!

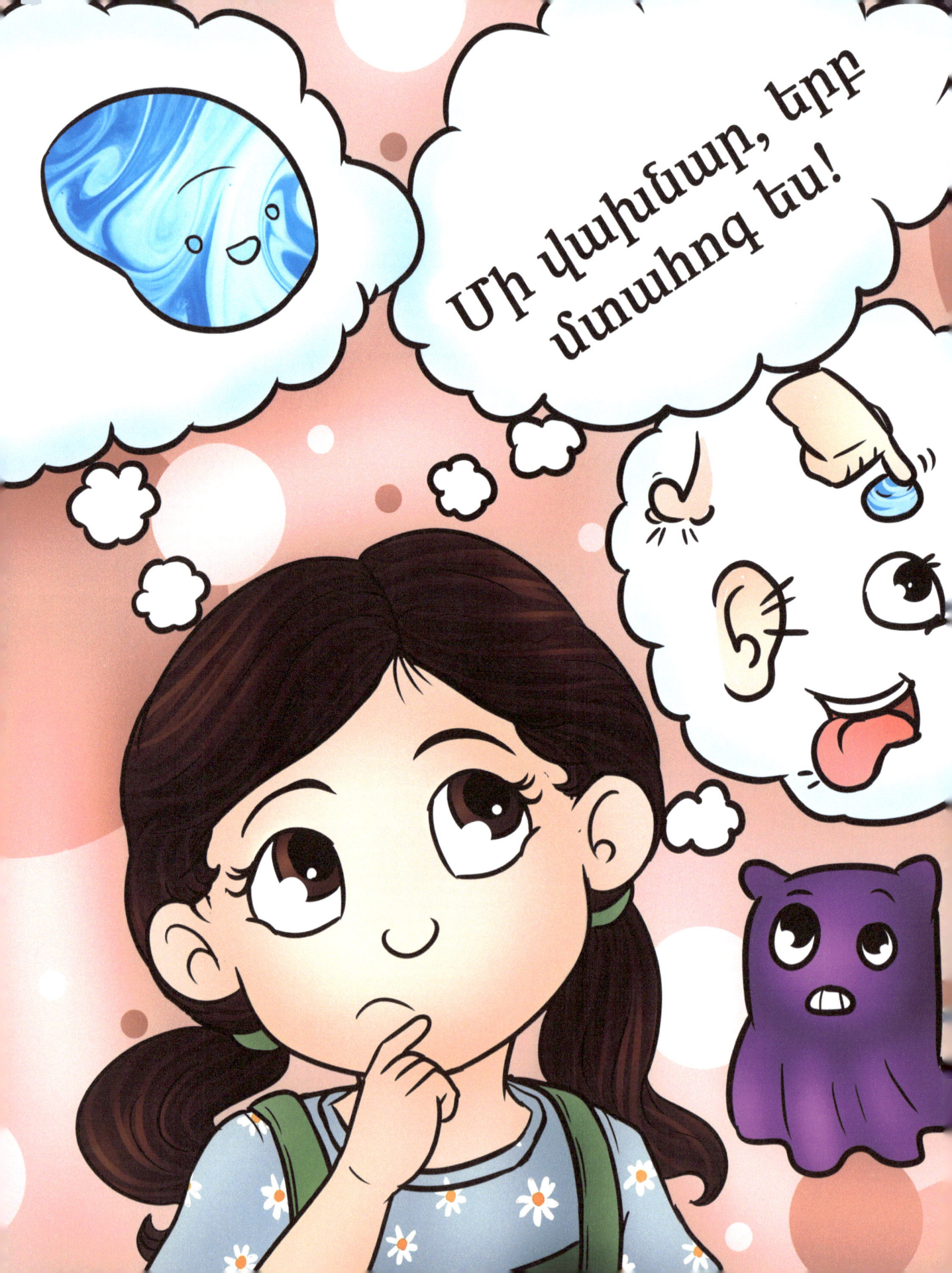

Անպայման. քու մտահոգութեան քարը, փոքրիկ ոտանաւորը, որ կը յիշեցնէ քեզի որ հանդարտ մնաս եւ գործածելով 5 զգայարանքներդ, բոլո՛րը կրնան օգնել որ յաղթահարես եւ պզտիկնայ այդ մտահոգութիւնը, այնքան որ դուն այլեւս չնկատես: Երբեմն քու գիտցած բոլոր միջոցներդ պիտի գործածես հանդարտելու համար, իսկ երբեմն միայն մէկ միջոց կրնայ օգնել: Ամէն ինչ քեզմէ կախում ունի», պատասխանեց Նորային մաման:

1
2
3
4
5

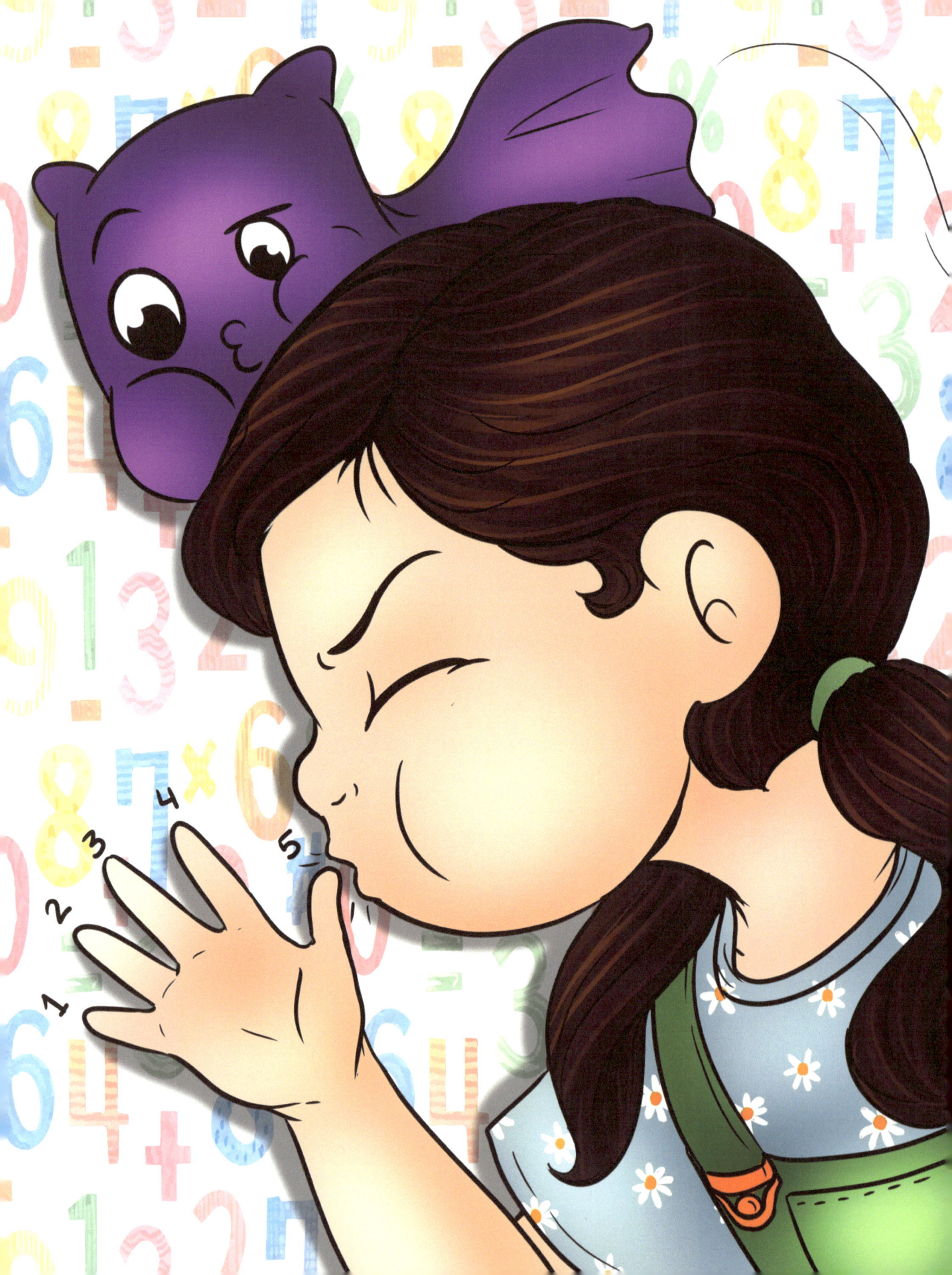

«Մէկ բան կայ որ կրնաս ընել», ըսաւ մաման, «կրնաս ձեւացնել, որ հսկայ փուչիկ մը կ'ուռեցնես, խորունկ շունչ քաշելով, փչելով եւ մատներուդ վրայ մինչեւ 5 հաշուելով: Այս բոլոր միջոցները գործածելով անպայման մտահոգութիւնդ պիտի պզտիկնայ»:

Յաջորդ օրը Նորան վստահութեամբ նոր դպրոցը գնաց, բայց ճիշդ երբ հոն հասաւ, նորէն սկսաւ մտահոգուիլ, զգաց որ սիրտը աւելի ու աւելի արագ կը զարնէ: Քրտնեցաւ եւ սկսաւ ստամոքսին մէջ այդ փոսը զգալ: Նորան սկսաւ մտահոգուիլ որ ամէն բան կրնայ սխալ երթալ այդ օրը:

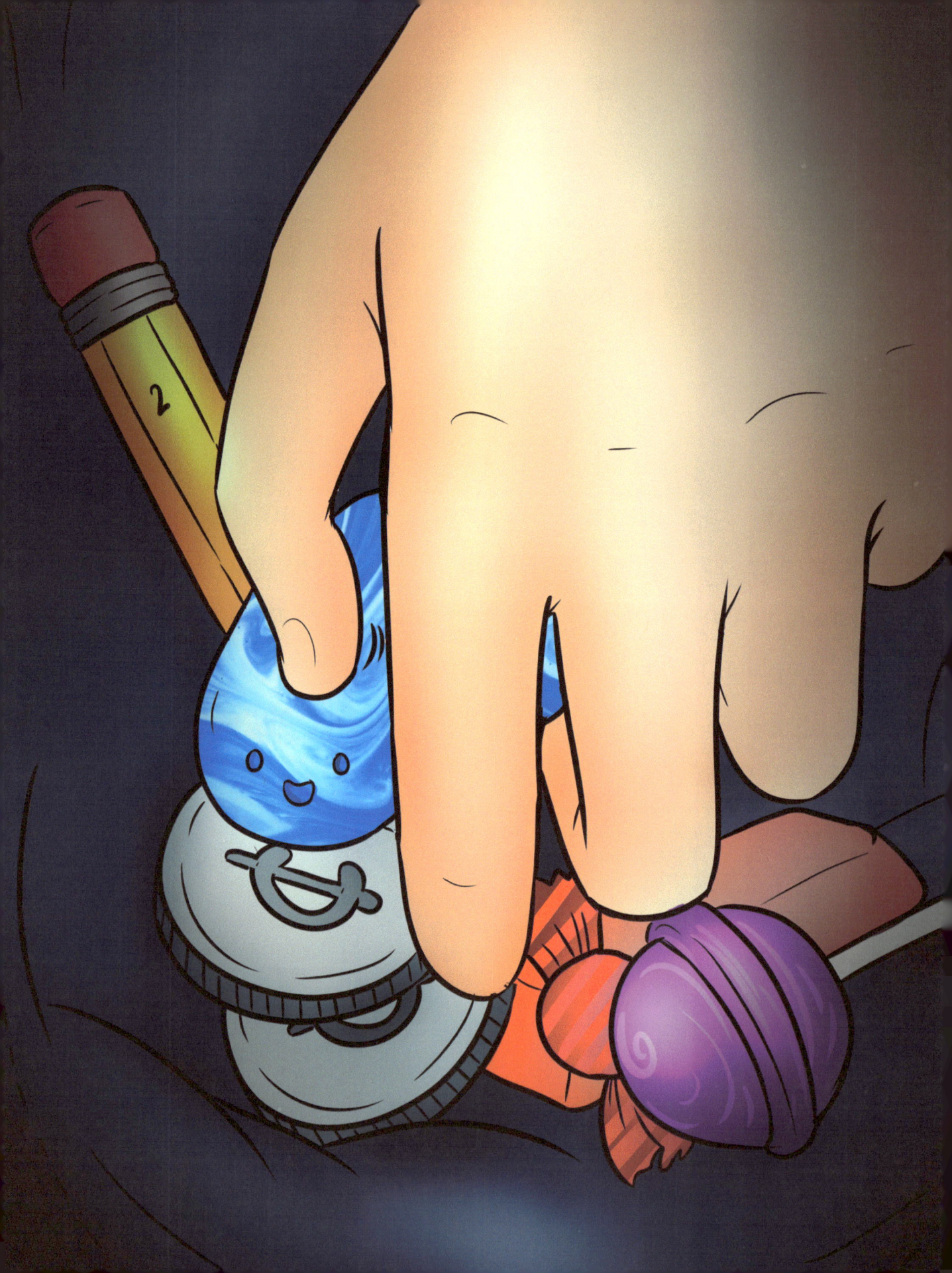

Ան որոշեց աչքերը գոցել եւ փորձեց շունչ քաշել յիշելով թէ ինչ ըսեր էր մաման: Յանկարծ ան սկսաւ խուճապի մատնուիլ՝ մտածելով, որ մոռցեր էր իր մտահոգութեան քարը: Ան կը զգար որ իր մտահոգութիւնը աւելի ու աւելի կը մեծնար: Նորան արագ մը ձեռքը գրպանը դրաւ եւ անշուշտ, մաման գրպանին մէջ սահեցուցեր էր մտահոգութեան քարը: Ան ափին մէջ պահեց մտահոգութեան քարը՝ ձեռքերը դեռ գրպաններուն մէջ պահելով: Ան գոցեց աչքերը եւ սկսաւ ցած ձայնով արտասանել ոտանաւորը.-

«Մի՛ վախնար, երբ մտահոգ ես,
Փորձէ՛ որ մտահոգութիւնդ անհետացնես:
Առանց վախի հանգիստ շնչէ,
Ամբողջ ուժով նրբօրէն արտաշնչէ:
Մի՛ վախնար, երբ մտահոգ ես,
Փորձէ՛ որ մտահոգութիւնդ անհետացնես»:

Ան իր տուրջը նայեցաւ 5 բաներու, որոնց ծանօթ էր: Ան տեսաւ ծառ մը, սկիւռ մը, կարմիր աղօյսէ պատ մը, կարմիր դուռ մը եւ պատուհան մը: Անկէ ետք Նորան յիշեց 4 ձայն լսելու մասին: Ան կը լսէր թռչունի ծլվլոցը, երեխաներու խաղալը, ինքնաշարժները, որ կը սուրային եւ դպրոցի զանգին ձայնը: Անկէ ետք ան տուրջը նայեցաւ 3 բաներու, որոնց հոտը կրնար առնել: Ան կը զգար դպրոցի մուտքի մօտ գտնուող ծաղիկներու հոտը, ինքնաշարժներու քարիւղի հոտը, եւ կարկանդակի հոտը, որ կու գար մօտը գտնուող տունէ մը: Նորան արդէն սկսեր էր աւելի լաւ զգալ: Ան շարունակեց՝ կեդրոնանալով 2 իրերու վրայ, որոնց կրնար դպնալ, օրինակ՝ իր տաբատը եւ քարը, որ կը զգար իր գրպանին մէջ: Նորան կը շարունակէր զգալ մտահոգութեան քարը ձեռքին մէջ՝ ուշադրութիւն դարձնելով անոր ձեւին ու չափին: Յետոյ ան մտածեց 1 բանի մասին, որուն համը կրնար առնել: Այսօր առաւօտէն ան բերնին մէջ դեռ կը զգար ակռաները մաքրող մածուկին համը:

Նորային մտահոգութիւնը սկսաւ պզտիկնալ, պզտիկնալ եւ պզտիկնալ: Ան նոյնիսկ պէտք չունէր ձեւացնելու փուչիկ ուռեցնել եւ հաշուել մինչեւ 5:

Նորան այլեւս չէր տեսներ իր մտահոգութիւնը: Ան այնքան պզտիկ էր, որ այլեւս չէր տիրեր իր մտքին եւ զգացումներուն վրայ: Ան կը զգար որ կրնար ընել այս մէկը...

...եւ այդպէս ալ բրաւ: Նորան իր նոր դպրոցը մտաւ վստահութեամբ եւ հաստատ քայլերով: Առաջին օրը շատ լաւ անցուց նոր դպրոցին մէջ: Ան մի քանի հիանալի նոր ընկերներ գտաւ: Ամենէն լաւը այն էր, որ մտահոգութիւնը այնքան պզտիկ էր, որ նոյնիսկ չէր տեսներ:

Թէեւ Նորան կը տիրապետէր իր մտահոգութիւններուն, բայց գիտէր, որ իր մտահոգութիւնը միշտ իրեն հետ պիտի ըլլար։ Սակայն, կարեւորը այն էր, որ մտահոգութիւնը պիտի չխանգարէր իր օրը։

Նորային մտահոգութիւնը նորէն պզտիկցեր էր։

ԾԱՆՕԹԱՑԷՔ ԹԱԼԻՆ ՏՈՐՆԱՅԻՆ

Թալին Տորնան հպարտ կին է եւ մայր երեք երեխաներու: Կ'ապրի Թորոնթօ, Գանատա: Ան միայն նախակրթարանի ուսուցչուհի չէ, այլ նաեւ հեղինակն է «Արտասովոր Աչքը» գիրքին ներշնչուած՝ իր որդիին հազուագիւտ աչքի քաղցկեղի, Ռեթինոպլասթոմայի, դէմ պայքարէն:

Հիմա, կը վերադառնայ երկրորդ գիրքով՝ «Մտահոգ Փոքրիկը», որ մանկական անձկութեան մասին է: Մղուած իր սեփական պայքարէն, Թալինը կը պատմէ սրտառուչ պատմութիւն մը թուելով յաղթահարելու գործնական միջոցներ: Իբր դաստիարակ ան գիտէ թէ որքան կարեւոր է դժուար նիւթերու մասին խօսիլ այնպէս մը որ երեխաները հասկնան: Թալինին գիրքերը պարզ պատմութիւններ չեն, անոնք գործիքներ են ընտանիքներուն եւ ուսուցիչներուն, որոնք իրենց կեանքի ընթացքին միասին կ'անցնին դժուար նիւթերու ընդմէջէն: Հետեւեցէք իր պատմութեան, որ պարզ բառերով լոյս կը սփռէ մարդկային փորձառութեան վրայ:

www.ingramcontent.com/pod-product-compliance
Lightning Source LLC
Chambersburg PA
CBHW042248100526
44587CB00002B/63
9781738284207